この本「この気もち伝えたい」は、義務教育最後の教材として選びました。
人と関わり合える幸せを実感できる大人になってください。
元気で。幸せに。

平成30年度東中　3学年職員

この気もち

伝えたい

伊藤守

Discover

イラスト　五十川祐美
デザイン　鳥巣三津子

この気もち、伝えたい

それがコミュニケーションのはじまりでした

コミュニケーションはキャッチボール。
ぼくが投げると、きみが受けとる。
こんどは、きみが投げて、ぼくが受けとる。
それから、また、ぼくが投げて……。

「この気もち、伝えたい……」
それが、コミュニケーションのはじまりでした。
キャッチボールにはボールが必要なように、
コミュニケーションには、
あなたの気もちが必要です。

キャッチボールは、
近すぎても、遠すぎても、
むずかしい。
コミュニケーションも同じです。
恋人や友だちや子どもや両親に
あんまり同化しすぎては、
コミュニケーションはとれません。

コミュニケーションが
いっしょにはじめるものであるというのは、
幻想です。
はじめるのは、
いつも、どちらか一方。
あなたがボールを投げることからはじまります。

でも、
じぶんから投げるより、
むこうからくるのを待っていたい。
なぜって、
じぶんから投げて、
無視されると、悲しいから。

いきなり、

拒絶されたこともあるし。

その人とキャッチボールがしたくて
投げたボールを、
別の人にわたされてしまったこともある。

わたしたちは、幼いころから、
聞かれないことになれてきました。
「忙しいから、後でね」
「そんなこと、言ってないで！」

だから、つい、

どうせ、自分が言ったって、と思ってしまう。

だから、

自分からボールを投げるには、勇気がいります。

勇気をだして、

ようやく投げたボールを

ポイと捨てられてしまった……。

そんな経験はありませんか。

心をこめて、やさしいボールを投げたのに、
相手がけり返してきた……。
そんな経験はありませんか。

直径30センチのボールを投げたのに、
直径５センチのボールが返ってきた……。
そんな経験はありませんか。

じぶんからボールを投げて、
悲しい思いをするくらいだったら、
最初からボールを投げないで、
だれかが投げてくれるのを、
待っていたほうがいいや。

でも、だれも投げてくれなかったら……。

いきなり拒絶されたり、
けり返されたりして、
悲しい思いをしているのは
あなただけじゃない。
あなただって、知らないうちに、
そういうボールを投げていない？

だれもが、じぶんのボールを
受けとめてほしいと思っています。

だれもが、じぶんのことを
聞いてほしいと思っています。

だれもが、じぶんがここにいることを
認めてほしいと思っています。

では、受け入れられたがっている幾多の人を
いったい、だれが受け入れるというのでしょう。

もし、あなたの投げたボールを
相手がちゃんと受けとめてくれたら、
もし、あなたが、相手の投げたボールを
ちゃんと受けとめれば、
そこで、
コミュニケーションはひとつ、完了します。

でも、
「ちゃんと受けとめてもらえなかった」
「とうてい受けとれないボールを
投げつけられた」
そんな未完了なコミュニケーションを
私たちはたくさんかかえているのです。

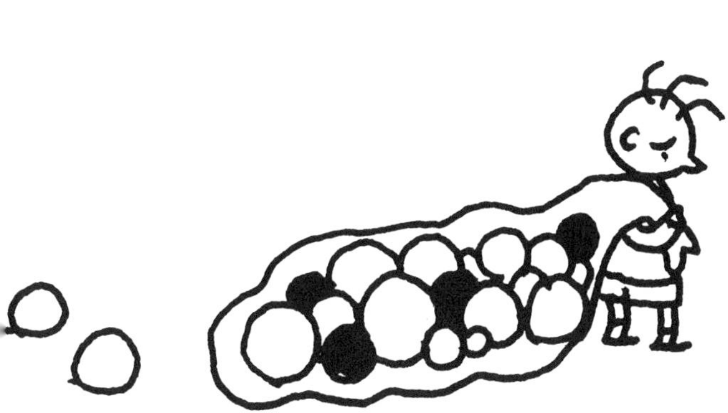

未完了なコミュニケーションがたまると、
わたしたちの情緒は不安定になります。

いつも、いらいらしたり、
疑い深くなったり、
怒りっぽくなったり、
ひがみっぽくなったり、
無愛想になったり。

ときどき、それが爆発して……。

それから、だんだん、
何も感じなくなり……。

そうやって、
ひとりぼっちになっていきます。

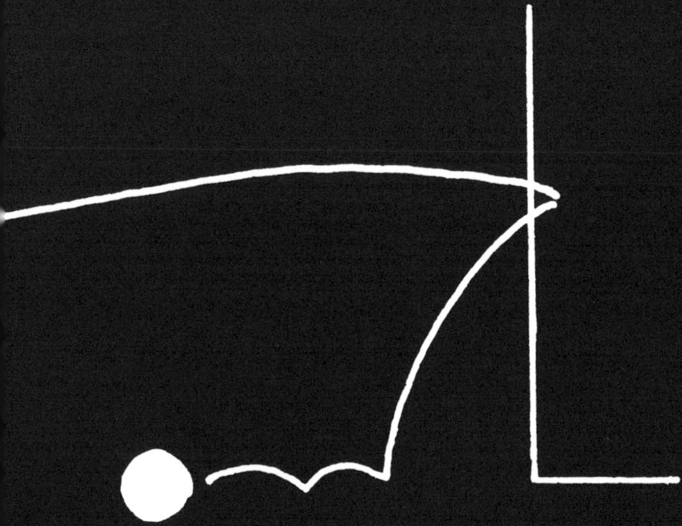

あなたが投げたボールを
相手が上手に受けとめてくれなかったとしても、
その人を責めてはいけません。

ひょっとしたら、その人は、ただ、
キャッチボールが
へたなだけかもしれませんから。

緊張して、つい、
手がすべってしまった
だけなのかもしれませんから。

あなたのボールが、
重すぎただけなのかもしれませんから。

もし、上から、
一方的に言われてしまったら、
どんな気もちがしますか？

一度に、３つも４つもボールを
投げつけられたら、
どんな気もちがしますか？

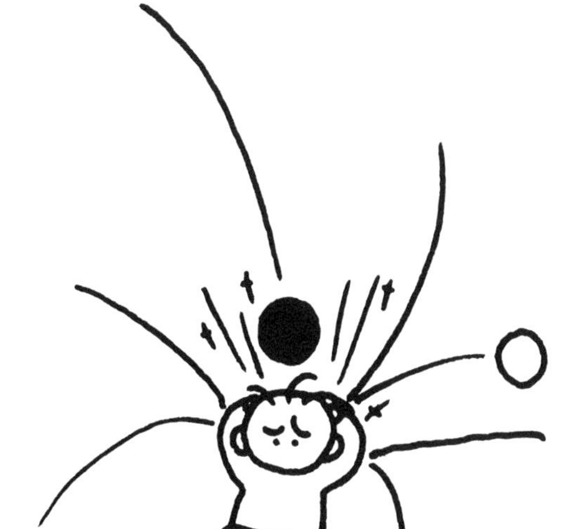

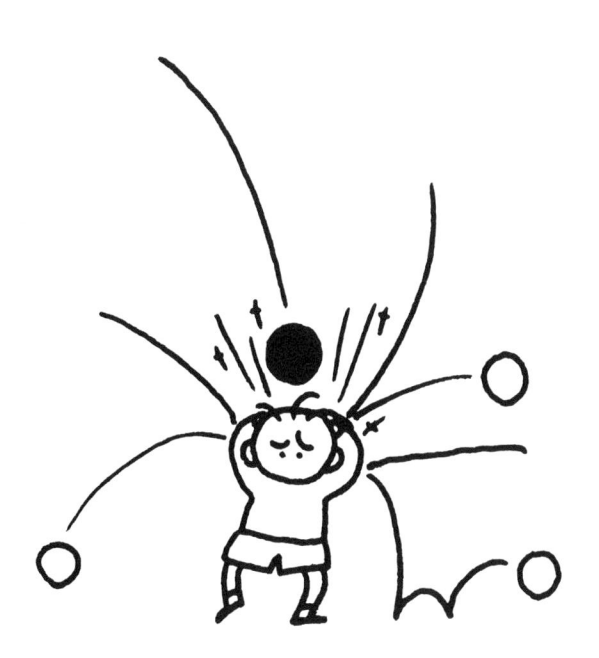

あなたがいま受けとっている相手の反応が、
あなたがとっている
コミュニケーションそのものです。

たとえ、あなたがそれを、
認めなくても。

コミュニケーションには、
良いコミュニケーションと
悪いコミュニケーションがあります。
良いコミュニケーションは、
コミュニケーションが交わされていること。
悪いコミュニケーションは、
コミュニケーションが交わされていない、
あるいは、
コミュニケーションのようなものが、
交わされていること。

コミュニケーションのようなもの。
それは、社交辞令だけ話すこと。
役割だけから話すこと。
つまり、上司として、先生として、後輩として、
夫として、妻としてだけから話すこと。

コミュニケーションのようなものを
続けていれば、
さびしい思いやつらい思いをする
危険もありません。
思いもかけない感情がでてきてしまったり、
喧嘩になってしまったりする
危険もありません。
でも、思いもかけない喜びや、
生きていることの実感を
体験することもないでしょう。

もし、相手に行動が起こらないのであれば、
そこにコミュニケーションがなかったのです。
あったのは、ただの社交辞令。
ほんとうのコミュニケーションには、
いつも新しい行動が伴います。

コミュニケーションと人間関係は違います。
人間関係は、固定化したひとつの状態。
コミュニケーションは、
それを変えていくものです。

あなたは、

どういう関係をもとうとしているのでしょうか。

コミュニケーションの「問題」は、
あなたが口では、
一体感をもちたいと言いながら、
実際には、少しでも「違い」をつくろうと、
夢中になってしまっていることにあります。

たいせつなのは、

あなたがどうしたいのかということ。

いま、目の前にいる人と、

どういう関係をつくりたいのかということ。

あなたがつくりたかったのは、

こういうことですか？

「少しでも相手に勝っていたい！」
コミュニケーションは、
いつのまにか、
わたしたちの競争の舞台になっています。

でも、忘れないで。
コミュニケーションは、
いつも「受け入れ」によって完了します。
人は、「受け入れ」によって動きます。

「受け入れ」とは、
相手を好きになることとは違います。
もし、
どうしても好きになれない人が
いるとしたら、
まず、
その人を好きになれない
じぶん自身を受け入れること。

あなたが相手の人を
受け入れている度合いは、
あなたがじぶんのことを
受け入れている度合いに、
完全に一致します。

相手を受け入れるには、
相手をよく聴くこと。

「この気もち、伝えたい」
「でも、じぶんの言うことなんて聞かれない」
そう思ってしまっているのは、
あなただけではないのですから。

コミュニケーションの能力を、
話す能力だと思っている限り、
相手との間に、
一体感をもつことはできないでしょう。

コミュニケーションの能力は、
相手に話させる能力です。
相手に話させて、それを聴く能力です。

相手の話を最後まで、
口でも頭の中でも、批判したり、否定したり、
自分と比較したりしないで、
聴いていく能力です。

聴いてくれる人の前では、
受け入れる準備のある人の前では、
だれでも少しずつ、話し出すものです。

たとえ、とりにくいボールでも、
どんなに弱いボールでも、
あなたが、一生懸命拾っていけば……。

待っているだけでは、
ボールはうまく受けとれない。
コミュニケーションも同じです。

もし、あなたが、
ほんとうに受け入れていこうと思うのなら、
何か受け入れられるものはないかと、
一歩踏みだし、
からだの全部をつかって、
じぶんから手をさしのべていくことです。
どんなにむずかしいボールも、
しずかになめらかに、
受けとめることができるでしょう。

相手を受け入れることを、
なんでも相手の言うとおりにすること、
相手に賛成することだと
思っているとしたら、
受け入れることはむずかしい。

よーく聴いて、
相手の言いたいことをそのまんまに
理解すること。
それが、「受け入れ」です。

お互いの中に、
同じ意味とイメージを共有すること、
それが、「受け入れ」です。

「受け入れ」があれば、
違う考え、違う趣味、違う感じ方を
もっていたとしても、
いっしょにいれます。

ひとつ、受け入れが起こると、
ひとつ、コミュニケーションが完了します。
ひとつ、コミュニケーションが完了すると、
少し安心します。

そうやって、

安心感が深まるたびに、

わたしたちは、行動的になります。

受け入れられることや人が、ひろがります。

最初はだれでも緊張します。

人が向かい合えば、必ず緊張が生まれます。

それは問題ではありません。

問題は、あなたがそれを隠そうとすること。

ほんとうは、うまく投げられるか心配なのに、
平気なふりをしていること。
ほんとうは、うまく受けとめられるか
心配なのに、
平気なふりをしていること。
ほんとうは、運動神経がにぶいのがばれたら
どうしようと思っているのに、
平気なふりをしていること。

平気なふりをやめたとき、
あなたはじぶんを受け入れたことになります。
平気なふりをやめたとき、
ほんとうのコミュニケーションが
はじまります。

「この気もち、伝えたい」
あなたがそう思ったなら、
できるだけ、
受けとりやすいボールを投げること。
受け入れの準備のない人も
じゅうぶん受けとれるボールを投げること。

ボール投げになれない人には、
速球や変化球は
受けとりたくても無理なのだから。

わたしたちは、
コミュニケーションによって生きています。
あなたのいま目の前にいる人との
コミュニケーションが変わっていくとき、
まわりの人すべて
—先生も、お母さんも、お父さんも、
　親友も、恋人も、
　親戚のおばさんも、上司も、部下も—
とのかかわりかたが変わっていくでしょう。
仕事へのかかわりも、
人生へのかかわりも、
変わっていくでしょう。
そして、
あなた自身とのかかわりも、
変わっていくことでしょう。

きみの気もち、聞いてみたい

それがコミュニケーションのはじまりです

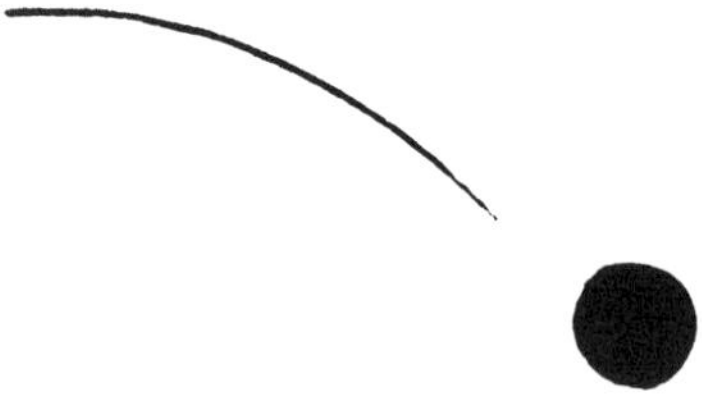

本書は、1992年5月に発行され、以来、版を重ねて、実売30万部を超えるロングセラーとなりました。途中新装版、続編など発行したのち、1999年に絶版といたしましたが、このたび、多くの読者の方のご要望にお応えして、初版当時の完全復刻版をお届けすることになりました。

これほど鋭く､わたしたちのコミュニケーションの現状を、これほどシンプルに、コミュニケーションの素晴らしさと可能性を綴った本は、おそらくほかにないのではないでしょうか？　初版の刊行以来、思いがけないほど多くの、そして、心打たれる感動のお手紙、感謝のお言葉、励ましの声をいただいてまいりました。

多数は、会社員、ＯＬ、大学生の方ですが、中学生の息子さんといっしょに読んでいるというおかあさま、生徒さんから勧められて読んだという高校の先生、患者さんに勧められているお医者さまなど、教育や医療の現場に携わる方々からのお手紙が多いのも特徴でした。生徒からの提案で、卒業記念に本書を全生徒に配布したという茨城県の中学校、副読本として採用してくださった愛知県の社会福祉学の短大、看護学校など、まとめてご購入くださった団体も数多くあります。さらに、本書は、米国の大手出版社であるモロー社から英語版が出され、版を重ねています。イタリア、ドイツ、イスラエル、韓国、台湾でも、各国語に翻訳出版されています。

コミュニケーションは文字通りキャッチボールです。実際に、誰かとキャッチボールをしてみるとき、そこで起こっていることが、わたしたちが日常人との関係の中で体験していることと何ら変わらないことにあらためて驚かされるでしょう。と同時に、キャッチボールの腕を磨くことではなく、ボールが行って返ってまた行ってと、キャッチボールをし続けることそれ自体が喜びであることも感じられるでしょう。うまいへたなんて関係ない、ただ、その人とそこにいて、同じ時間と空間をともにしていることそれ自体が喜びであることに気づくでしょう。まさに、キャッチボールはコミュニケーションです。

誰だって、人と話すのは少しこわい。ましてや感じていることや思っていること—気もち—を話すなんて。でも、本当は、誰かに聞いてもらいたい、「この気もち」。本書を読んで少しだけ誰かと話したくなってくる人がいるとしたら、少しだけ正直になって誰かと話す瞬間をもてる人がいたとしたら、とてもうれしい。

なお、著者はメールマガジンを発行しています。ご希望の方は、下記の著者のホームページまでどうぞ。
URL http://www.itoh.com

2002年　早春　編集部　　ほしばゆみこ

この気もち伝えたい（復刻版）

発行日——2002年２月20日　第１刷
2018年10月15日　第11刷
著　者——伊藤　守
発行者——干場弓子
発行所——株式会社ディスカヴァー・トゥエンティワン
〒102-0093　東京都千代田区平河町2-16-1
平河町森タワー11F
電話　03(3237)8321(代)
URL http://www.d21.co.jp
mailto info@d21.co.jp
印　刷——株式会社　厚徳社

定価はカバーに表示してあります。
落丁・乱丁本はお取り替えいたしますので小社「不良品交換係」まで着払いにてお送り下さい。

ISBN978-4-88759-185-1　C0095

伊藤　守（いとう　まもる）
株式会社コーチ・エィファウンダー。日本人として初めて国際コーチ連盟（ICF）よりマスター認定を受けた日本のコーチング界における草分け的存在。『コーチング』を日本に紹介し、1997年に日本で最初のコーチ養成プログラムを開始する。人と人との関係や、コミュニケーションに対する研究は40年にわたり、それらのテーマを中心に執筆活動を行う。
http://www.itoh.com

ディスカヴァー　伊藤守の本

ご機嫌の法則100

伊藤守著　971円（税抜）　1996年１月発行　ＣＤサイズ（128×148㎜）

お金も地位もいいだろうけど、いちばん欲しいのは、いまを「ご機嫌」に生きること。ご機嫌な人たちを観察し、その法則を見つけました。風邪やはしかがうつるように、ご機嫌だってうつるんです。どうか、この本でご機嫌に感染してください。

Happyの法則

伊藤守著　1000円（税抜）　1999年12月発行　ＣＤサイズ（128×148㎜）

誰でも幸福の経験を持っています。でも、いつしかそれを忘れて、幸福の条件を揃えることに奔走してしまいます。幸福とは、なるものではなく、すでにそうであることに気づくこと。ハッピーな人生のために、ささやかだけれど大切な60のヒントをお届けします。

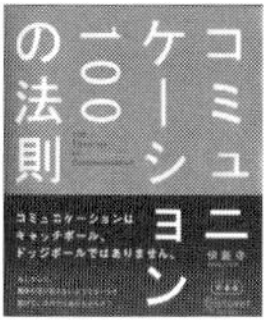

コミュニケーション100の法則

伊藤守著　971円（税抜）　1994年４月発行　ＣＤサイズ（128×148㎜）

本書を開くと、あなたがこれまで性格や好き嫌いの問題だと思っていたことの多くは、ただコミュニケーションに対する知識の不足からきていたにすぎないことがわかるでしょう。新しいコミュニケーションを交わしていくための勇気が湧いてくる本です。